James McSill
Mario H. Prado

Técnicas Básicas para Estruturação
de Romances Comerciais

Preparação do Escritor e
Revisão da Primeira Versão

www.dvseditora.com.br
São Paulo, 2013

Book-in-a-Box

PREPARAÇÃO DO ESCRITOR E
REVISÃO DA PRIMEIRA VERSÃO

Copyright© DVS Editora 2013
Todos os direitos para a língua portuguesa reservados pela editora.

Nenhuma parte dessa publicação poderá ser reproduzida, guardada pelo sistema "retrieval" ou transmitida de qualquer modo ou por qualquer outro meio, seja este eletrônico, mecânico, de fotocópia, de gravação, ou outros, sem prévia autorização, por escrito, da editora.

Coordenação Editorial: Giuliana Trovato Castorino
Produção Gráfica, Diagramação: McSill Story Consultancy
Capa: McSill Story Consultancy

Dados Internacionais de Catalogação na Publicação (CIP)
(Câmara Brasileira do Livro, SP, Brasil)

McSill, James
    Book in a box : técnicas básicas para
estruturação de romances comerciais : preparação
do escritor e revisão da primeira versão / James
McSill, Mario H. Prado. -- São Paulo : DVS Editora,
2013. -- (Book in a box)

    1. Arte de escrever 2. Escritores 3. Romances -
Arte de escrever I. Prado, Mario H.. II. Título.
III. Série.

13-04931   CDD-808.3

Índices para catálogo sistemático:

1. Romances comerciais : Arte de escrever :

James McSill
Mario H. Prado

Book in a Box

Técnicas Básicas para Estruturação de Romances Comerciais

Preparação do Escritor e Revisão da Primeira Versão

www.dvseditora.com.br
São Paulo, 2013

Sumário

Apresentação   7

Introdução   13

A preparação do escritor   17

A revisão do texto   35

Tornando-se um escritor profissional   47

E, finalmente...   65

Apresentação

O que você tem em mãos são as notas que faço nas minhas viagens, no que chamo de "meu caderno de exercícios". Ele é o fruto do meu estudo, vivência e experiência. Em suas páginas registro ideias que se transformam em palestras ou treinamentos – como este do qual agora você participa.

Os exercícios, anotações e eventos foram criados especialmente para você!

O curso se divide em três manuais, cada um correspondendo a três horas de treinamento, nos quais vemos técnicas simples e úteis para que você possa dar início a um romance de ficção ou, porque não, incrementar um romance que já esteja escrevendo. É possível, também, utilizar estas técnicas na elaboração de "estorinhas" que farão parte, digamos, de uma obra de autodesenvolvimento.

Embora se diga que há técnica para isto e para aquilo, no frigir dos ovos, tudo é a mesma coisa: estória. O que a gente aprende, por exemplo, num *workshop* como este – criar um romance básico –, servirá para estruturar, quiçá, um livro de receitas nordestinas que venha a fazer sucesso no Paraná.

Pois bem, esta jornada precisava de um título. Chamei-a de: **Book-in-a-Box**.

Em inglês, de onde tirei a expressão, significa *um livro que já vem pronto*. Isto é, feito comida que se tira da caixinha, pronta para colocar no forno e tornar-se o jantar do dia.

A experiência **Book-in-a-Box** pode se dar de diversas formas: estudos online, análise solitária do manual, palestra presencial e, dependendo das circunstâncias, apresentações em 3D – preparem os óculos. O mais importante, no entanto, é a disposição para aprender e escrever, escrever, escrever.

Ah! Na logomarca do **BOOK-IN-A-BOX**, ao lado, diz assim: **copyright James McSill** 2012. Isto quer dizer que o material (junto do meu nome e das minhas santas técnicas) só poderá ser usado por você. Ele

Copyright James McSill 2013

não pode ser usado como base para palestras, eventos ou aulas e também não pode ser partilhado com amigos.

Cada encontro de treinamento terá três horas de duração, divididas em:

- Apresentação;
- Teoria;
- Exercícios e atividades;
- Feedback e comentários.

E se você ficar perdidinho?

Sem problema! Anote as perguntas. Haverá oportunidade de revermos conceitos e sanar as suas principais dúvidas antes do intervalo e no fim das três horas de treinamento. Se a dúvida não for desproporcional, poderei ajudá-lo por email.

Como disse, dependendo do organizador do treinamento, a apresentação poderá ser em 3D, outras vezes, 2D, outras ainda, poderá ser assistido do conforto da sua casa por canal de TV.

Para as apresentações em 3D, quando me ver escrevendo na tela ou na hora em que fizer os exercícios, pode – aliás, deve – tirar os óculos 3D.

Divirta-se!

Com carinho,

Olá, escritor.

Eu comecei a escrever há tanto tempo que já nem me lembro. Eu mal havia começado a ler e já estava dando meus primeiros golpes de grafite em folhas brancas, simplesmente porque, para minha cabecinha excêntrica de criança, folhas brancas eram as criaturas mais solitárias do mundo. Era preciso enchê-las de palavras ou de cores, simplesmente porque elas pareciam implorar por isso. Tenho certeza de que minha mãe se orgulhava, a não ser quando eu não via muita diferença entre uma folha branca e uma parede branca.

Mas foi só bem mais tarde que eu percebi que realmente queria que a escrita estivesse no meu futuro. Quando consegui concluir uma estória com começo, meio e fim, com suas cento e poucas páginas, percebi que eu podia fazer aquilo. Depois da terceira estória, tive certeza de que era isso o que eu queria para o meu futuro.

Nesse futuro, que hoje já é passado, eu encontrei o James McSill e seu fantástico universo transformador dos sonhos de escritores em realidade. Para isso, a primeira regra do James sempre foi: se você sonha em ser escritor, desista. Sim, meu caro, porque embora ter sonhos seja algo bom, nós só os levamos adiante quando os transformamos em objetivos.

Assim, quando conheci o James pessoalmente, num dos seus famosos eventos Write in, percebi que eu apenas tinha um sonho de me tornar escritor, e não estava fazendo muita coisa para transformá-lo em realidade. Eu sabia que tinha talento para escrever, ao menos algum talento. Porém, ao me deparar com tudo o que o James estava ensinando, e, principalmente, com a forma pela qual ele ensinava, eu descobri que talento é muito útil, mas que o indispensável, mesmo, é dar um duro danado e adotar uma postura profissional se você quiser ser tratado como um escritor profissional.

Quando entendi, e depois de aplicar isso nos meus sonhos, transformando-os em objetivos alcançáveis, com metas e prazos, e, principalmente, resultados, James me disse:"Agora sim você está pronto para começar a fazer o que eu faço". E com essa frase simples, mas que continha implícito um convite, ele me fez sentir tal qual o Harry Potter quando recebeu a carta de Hogwarts. Eu passei a trabalhar com o James McSill, junto ao Adriano, à Camila e à Giuliana.

E assim, nossa primeira grande responsabilidade está materializada aqui, nestas folhas outrora brancas, que agora enchemos das mesmas palavras que, um dia, nos fizeram despertar dos sonhos para nossos atuais objetivos: sermos escritores profissionais, tratados como tais, e, mais ainda, uns caras que até pouco tempo atrás estavam na mesma situação que você, e que agora tudo o que mais desejam é trazer você para o lado de cá. Porque não há nada mais gratificante do que a sensação de ter contribuído para que um sonho se torne realidade.

Que a magia esteja com você!

Introdução

Se você chegou até aqui, é porque ou está começando a desenvolver uma estória ou porque colocou aquele tão esperado e ansiosamente calculado ponto final na sua estória. E, se você colocou o ponto final, não podemos dizer exatamente *o que é que você possui*, mas com toda certeza podemos afirmar *o que você não possui:* um livro.

Se você já concluiu a sua primeira versão, acalme-se, o mais importante você já tem: uma estória. A estória que você contou, para tocar as mentes e os corações dos leitores está *finalizada*, e esse é o primeiro passo para que ela seja transformada num livro que chegue até as mãos dos leitores.

Se você ainda vai começar a contar a sua estória, melhor ainda, pois poderá utilizar todas as técnicas e dicas que estes manuais contêm para ter muito menos trabalho na revisão, e, é claro, produzir uma estória mais bem estruturada e profissional.

Assim, neste livro da série de manuais práticos *Book-in-a-Box*, você encontrará valiosas dicas que o ajudarão tanto na *preparação*, para começar a escrever sua estória, como na revisão do texto, o passo seguinte após a conclusão da estória. E mais: uma bateria de conselhos sobre parcerias de que você, enquanto autor, pode se valer e se beneficiar para alcançar o seu objetivo maior: ter a sua estória transformada em livro publicado, disposto nas prateleiras das livrarias.

Antes de prosseguirmos para o trabalho árduo, lembre-se sempre de uma coisa, caro escritor: contar estórias é uma arte, *mas para o leitor*. No caso do escritor, antes de arte, é trabalho muito duro, que exige, além de competência, um esforço imenso, por meio de muito cansaço, noites sem dormir, afastamento de pessoas queridas e, eventualmente, uma ou duas sugestões de internação em clínica psiquiátrica.

Quando você entra na Capela Sistina, diz: "Michelangelo era um artista incrível!", mas porque você só está vendo o resultado. Sim, ele tinha o dom de reproduzir situações em imagens magníficas. Isso é um dom artístico. Mas todos os estudos de luminosidade, profundidade, perspectiva, anatomia, e tantos outros, que Michelangelo realizou para poder dar esse sopro divino de vida a obras como o teto da Capela Sistina, a *Pietà* e Moisés, foram muito além da genialidade artística: foram fruto de esforço, dedicação e reconhecimento de que a arte, para ser bem realizada, também depende de técnicas, que não diminuem em nada o valor artístico da obra, pelo contrário, o aumentam.

Este breve manual, que serve principalmente de material de apoio para os alunos dos cursos administrados pelos consultores do McSill Story Studio, não pretende esgotar todas as possibilidades e abranger todas as hipóteses. Nem mesmo um calhamaço de muitas centenas de páginas conseguiria fazê-lo. Trata-se de um auxílio: por meio dele, e das explicações dos consultores, você conseguirá identificar todos os principais pontos que o levarão a escrever melhor, e a escrever mais.

Com o tempo, conforme você for treinando e acostumando o seu cérebro a identificar esses padrões, tudo fluirá naturalmente e você descobrirá que vai gastar muito menos tempo nas revisões, pois terá, inconscientemente, escrito a primeira versão já se utilizando da maioria destas técnicas.

Por fim, se podemos lhe dar um único conselho, meu caro, que englobe todas as nossas dicas, ele é: trabalhe duro, com afinco, para poder olhar para a sua estória pronta e dizer: *Parla!*

A preparação do escritor

Você está tomando um banho, um dia, e escuta uma sirene ao longe. Não parece ser a sirene de uma ambulância, mas sim a de um carro de polícia. Aqueles camburões que transportam detentos dos presídios para o Fórum. Em seguida você escuta uma forte batida, a sirene vai morrendo como se a bateria estivesse chegando ao fim. E aí escuta três, quatro, cinco tiros. Por fim, silêncio. Aí, meu caro, seja você escritor ou não, o seu cérebro, que é totalmente adaptado para criar estórias, vai fervilhar com possibilidades. Mais especificamente no caso do escritor, o fato imediatamente se transforma na premissa da sua próxima estória: "O que aconteceria se um camburão de transporte de presidiários sofresse um acidente, deixando escapar dois dos criminosos mais perigosos do país?".

Vamos lá, eu sei que você está pensando em mil possibilidades. O que gerou o acidente? Foi mesmo um acidente ou foi provocado por comparsas dos criminosos? Que tipo de criminoso é esse? Assaltantes de banco, sequestradores, assassinos, traficantes, árbitros argentinos de partidas da seleção brasileira de futebol? Esses criminosos têm alguma ligação entre si? São aliados ou rivais? Por quê? O que farão para escapar da Justiça? Haveria policiais envolvidos na fuga? De onde partiram os tiros? Acertaram alguém? Quem? Quais as consequências?

Existem outras centenas de perguntas que você pode – e *deve*! – fazer, e é assim que você desenvolverá a sua premissa. Mas o que é *premissa*? Premissa é sinônimo de estória? De ideia? De enredo? De trama?

Não. Premissa é o conceito a partir do qual a estória se desenvolverá. "Um garoto descobre ser bruxo e vai estudar numa escola de magia". "Um garoto se torna amigo de um alienígena e tenta ajudá-lo a voltar para o seu planeta". "Uma garota segue um coelho falante e vai parar num mundo fantástico". "Quatro irmãos descobrem que o armário da mansão em que vivem é uma passagem secreta para um mundo mágico". Todas essas são premissas de estórias que você conhece, e que provavelmente identificou assim que as leu.

Antes, contudo, de começar a deixar as palavras verterem dos seus dedos para a tela do computador, ou para a folha em branco do seu caderno, vale a pena investir algum tempo analisando algumas ponderações que certamente serão muito úteis. Por isso, a primeira parte deste volume da série de manuais *Book-in-a-Box* trata justamente da *preparação do escritor*, ou seja, de um verdadeiro guia que o ajude a otimizar o árduo trabalho e o caudaloso percurso que você tem à frente. Mas fique tranquilo: se você está aqui, buscando um conhecimento que facilite a sua jornada, um passo importante foi dado, pois você decidiu que, não importa quão difícil seja, você está disposto a seguir em frente, superar os obstáculos e alcançar o seu tão desejado objetivo: publicar a sua estória e fazê-la chegar às mentes e aos corações das pessoas. Vamos lá!

ESCREVER: UM SONHO OU UM OBJETIVO?

Este é o ponto de partida, antes mesmo do escritor começar a pensar na ideia que pretende desenvolver. Você *sonha* em ser um escritor ou tem isso como um *objetivo*?

A mente humana é especialmente adaptada para criar estórias, e o personagem que você melhor conhece é você mesmo. Por isso é muito fácil você decidir que pretende ser escritor, para escrever livros maravilhosos, que alcançarão um sem-número de pessoas e levarão alegria e conforto a muitos leitores ávidos por uma boa estória, mas, no fim das contas, não fazer muito de concreto para chegar lá.

Mas onde é *lá*?

Lá é o cantinho na mente de cada leitor em potencial a quem sua estória poderá alcançar. Mas, para que a sua estória saia da sua cabeça e chegue à cabeça do leitor, ela passa por um *longo, trabalhoso, cansativo* e *sinuoso* processo.

Ei, acalme-se: mesmo com todas as dificuldades que aparecem no caminho entre o escritor e o leitor, o resultado é tão sublime que vale a pena.

Então, meu caro, ponha na cabeça que o seu *objetivo* é ser um escritor. Grite bem alto, mentalmente, para si mesmo, que o seu **OBJETIVO** é ser um escritor e que você fará de tudo para alcançá-lo. E, quando você tiver chegado *lá*, descobrirá que, mesmo tendo sido tão difícil, foi infinitamente mais fácil porque você transformou o que era *apenas um sonho* na mais palpável e concreta *realidade*, com capa, miolo e costura.

Escreva sobre o que você conhece

Agora que você já definiu seu objetivo — tornar-se um escritor publicado —, o passo seguinte é igualmente importante: definir *sobre o que* você irá escrever.

Calma, não se trata de começar a desenvolver ideias para estórias! Trata-se de pensar em *que tipo* de estórias você pretende contar. Tudo bem, seu primeiro impulso pode ser o de escrever sobre absolutamente qualquer coisa, tudo e todos, porque sua mente fervilha de ideias criativas que abrangem muitos e diversos gêneros!

Espere um pouco. Já pensou se você tem aqui uma ideia excelente para um romance policial envolvendo um detetive e uma série de assassinatos brutais, passa três meses lendo diversos livros do gênero, pesquisando dois milhões de detalhes essenciais para a sua estória, mais um tempo considerável preparando a estrutura, o *outline*, definindo o arco do protagonista, e, principalmente, passa *muito* tempo escrevendo esse *thriller* que ninguém conseguirá parar de ler – e assim que termina de escrever, decide que o próximo projeto será uma fantasia épica em três volumes baseada na mitologia inca?

Olhe o tamanho do parágrafo anterior. Ele apenas descrevia alguns dos passos que você teve de seguir para escrever uma estória de *um* gênero. Quanto trabalho você teve, quanto tempo você dedicou a pesquisar sobre o funcionamento de delegacias, o trabalho dos detetives, balística forense, psicopatas e *serial killers*, e tanto mais, que serve não apenas para aquela estória, mas para qualquer estória do mesmo gênero? Só que, então, você terá de fazer tudo isso novamente, porque decidiu criar um universo em que águias gigantes raptam três pessoas que percorriam a trilha inca em Machu Picchu e as levam para outra dimensão, onde os incas ainda vivem, numa sociedade repleta de magia, conflito e muita, muita aventura. Isso parece produtivo para o escritor?

Escrever para publicar é um *trabalho*, e um dos mais difíceis, porque exige não apenas muita dedicação, mas muito *suor*. Ter uma ideia para uma estória não é nem 1% do trabalho necessário para que essa estória chegue ao leitor. Então, se você puder *otimizar* o seu trabalho, para torná-lo menos árduo e mais produtivo, tanto melhor! Se você acha que tem uma veia policial para a escrita, já leu Agatha Christie, Arthur Conan Doyle e Simenon de cabo a rabo, e adoraria viver uma daquelas aventuras, isso é um sinal!

Se adora as aventuras mágicas de Rowling, C. S. Lewis e Philip Pullmann, a fantasia pode ser o seu caminho. Mas procure escolher um único gênero, ao menos no início, para otimizar o tempo e o esforço que você gasta com as partes mais trabalhosas da escrita: pesquisar e desenvolver a estória. Quando você tiver dominado técnicas e processos que tornam a sua escrita mais ágil e rápida, será muito mais fácil se aventurar por outros campos e gêneros, porque *você já terá encontrado o caminho das pedras.*

LER, LER, LER

Não tem jeito, não existe melhor forma de aprender a escrever. Todas as técnicas e subterfúgios inteligentes que você pode utilizar são muito importantes para facilitar o seu trabalho e ajudá-lo a chegar *lá.* Mas escrever sem possuir uma boa bagagem de leitura é como tentar encher um balão no vácuo.

Ler ajuda o escritor não apenas a ter ideias – por exemplo, derivações de estórias que ele leu, imaginando cenários alternativos –, mas também a identificar a estrutura comum àquele tipo de estória. Seja para acompanhar essa estrutura ou para desafiá-la, propondo uma nova. O seu protagonista que vai para num mundo mágico não precisa ser órfão (Harry Potter, Eragon, Frodo, Alex Ryder, dentre tantos outros), ele pode perfeitamente ter de esconder aquele mundo mágico dos seus pais, e levar uma vida dupla entre o Ensino Médio e as guerras entre vampiros e lobisomens na outra dimensão que existe no sótão.

Mas, para o escritor, *ler* é como *se alimentar.* Até mesmo o correto uso da língua você aprende enquanto lê. Os escritores são unânimes em afirmar que a *leitura* é a principal ferramenta do escritor, e que absolutamente ninguém pode ser um escritor se não for, antes, um bom leitor.

Seguindo o viés do conselho anterior (escrever sobre o que você conhece), dê preferência para ler aquilo que possa ajudá-lo a escrever a sua estória. É claro que você deve ler de tudo, porque mesmo uma ideia para um *thriller* policial pode sair de um romance erótico. Imagine se Christian Gray tivesse assassinado Anastasia Steele, e o detetive da sua última estória policial estiver incumbido de investigar o caso? O crime poderia ter ocorrido num ritual cheio de simbolismos e ligações ocultistas que imediatamente fariam você ter colocado Agatha Christie, E. L. James e Dan Brown no liquidificador e batido por três minutos até obter uma massa uniforme. E como você escreveria bem essa estória se não tivesse lido esses três gêneros distintos?

Portanto, *leia*. Muito.

A LÍNGUA PORTUGUESA É SUA PRINCIPAL ARMA, USE-A BEM!

O soldado está avançando rapidamente pelo campo inimigo. Infiltra-se com astúcia, agilidade, ganhando mais terreno a cada movimento milimetricamente estudado. Chega ao cativeiro onde o general do seu exército é mantido prisioneiro pelas tropas inimigas. Com o elemento surpresa como aliado, ele arromba a porta e fica face a face com os raptores. Então ele é metralhado e morre ali mesmo, porque se esqueceu de carregar o fuzil.

Se você não domina a língua em que pretende escrever, seu destino tende a ser o mesmo desse soldado.

Não importa quão boa seja sua ideia, e quão espetacular seja a sua estruturação da trama narrativa. Se você começar a trocar "sc" por "ss", não botar crase onde é pra botar, ou, pior, botar onde não deve, não souber a diferença conceitual entre um adjetivo e um advérbio, fazer o samba do crioulo doido com a concordância verbo-nominal, enfim, você estará frito da Silva.

Agora, se você estiver escrevendo errado de propósito, para mostrar que aquela personagem se equivoca ao falar, ou que simplesmente possui uma variação linguística por conta de um regionalismo, ou de pouca instrução formal, tudo bem. Mas você precisará de cuidado redobrado, porque na linguagem escrita é muito difícil estabelecer uma variação linguística eficiente e coerente. Muitas vezes pode soar forçado, como se a personagem estivesse apenas imitando alguém que fala errado. E o leitor percebe isso num piscar de olhos. A alternativa usada por Mark Twain, por exemplo, para mostrar como Huck Finn se desviava da língua culta ao se comunicar oralmente, era muito comedida e bastante pontual, sem forçar. Porém lembremo-nos de *quem* era Mark Twain, e do *quanto* ele conhecia a sua língua antes de mutilá-la propositalmente.

É preciso levar em consideração que, quando você estiver escrevendo a primeira versão da sua estória, não deve se preocupar com erros gramaticais, concordância verbo-nominal equivocada, uso excessivo de advérbios ou qualquer outra coisa que não seja *vomitar a estória*. Falaremos mais disso adiante, mas saiba que, neste ponto, o da primeira versão, nada disso importa. Apenas tenha em mente que, quanto melhor você conhecer *previamente* a sua língua (seja estudando gramática, seja lendo, lendo, lendo), menos trabalho você terá na revisão.

PESQUISA

Se *ler, ler e ler* ajuda o escritor a garimpar ideias, conceitos, inspirações e até mesmo técnicas que o ajudem a fazer florescerem os seus temas e suas premissas, um outro elemento é que fornecerá a esses temas e pesquisas um corpo físico que preencherá de verossimilhança uma estória que, do contrário, pareceria frágil demais: a *pesquisa*.

É por meio da pesquisa que você consegue acrescentar à sua estória elementos que não conhece bem, de forma a fazer com que as pessoas sintam um lampejo de realidade naquilo que estão lendo. Que vejam a estória saltando da página e gritando: "olha para mim, eu sou de verdade!".

Todos os grandes *blockbusters* de Hollywood têm, integrando suas equipes, consultores especializados nos temas tratados nos roteiros. Será que *Guerra ao Terror* (*The hurt locker*) teria recebido o Oscar de melhor filme, e, principalmente, de melhor roteiro original, sem uma pesquisa sólida que aproximasse o espectador da realidade vivida pelas equipes que desarmavam bombas na guerra do Iraque? E os livros do Dan Brown, o que teriam sido sem uma pesquisa muito bem feita? Nada.

Imagine, por exemplo, escrever uma ficção de realidade alternativa, essas em que você seleciona um evento real e reescreve de forma ficcionada, como Quentin Tarantino fez em *Bastardos Inglórios*. No filme, um grupo de americanos caçam nazistas em plena II Guerra, e tentam por um fim ao conflito com um plano para matar Adolf Hitler e toda a cúpula do III Reich, incluindo Goebbels, que era fanático por cinema, e que contratou a renomada cineasta Leni Riefenstahl para produzir filmes que fizessem propaganda do regime nazista. Todos esses elementos reais foram utilizados, de forma ficcionada, na trama do bem sucedido longa-metragem de Tarantino. E, de que outra forma poderiam ter sido usados, senão por meio da pesquisa? Ou você acha que toda a estrutura latina das palavras mágicas em Harry Potter foram criadas por J. K. Rowling? Não. *Pesquisa*.

Hoje, principalmente a internet é uma *fonte* inesgotável de conhecimento e, mais importante, serve como uma ferramenta insubstituível de pesquisa. É claro que você precisa tomar cuidado com a fonte desse conhecimento, já que na internet circula de tudo: material bom e ruim. Basta que você separe o joio do trigo, checando referências, consultando a fonte original mencionada em sites, para verificar se aquela informação é precisa.

É impressionante como você pode descobrir novos elementos incorporáveis para sua estória partindo de uma pesquisa simples, avançando e se aprofundando.

Faça um teste. Pense rápido em uma premissa simples, mas que envolva um conhecimento que você não domina. Que tal um romance jurídico cuja trama seja protagonizada por um jovem advogado envolvido com o tráfico no Rio de Janeiro? Você sabe o que faz um advogado criminalista?

Sabe que palavras e expressões são corriqueiras no seu vocabulário? O que significa um mandado de prisão preventiva? Se é um juiz ou um desembargador que emite essa ordem? Conhece alguma coisa sobre a vida das pessoas envolvidas com o tráfico, nas favelas cariocas? Já leu *Abusado, o dono do morro Dona Marta*, do Caco Barcellos?

E esse é apenas *um* exemplo dentre infinitas possibilidades. Dê-se o trabalho de pesquisar. Coloque-se no papel de um verdadeiro investigador policial que escarafuncha detalhes e mais detalhes, e de cujo trabalho depende a vida da vítima de um crime. A vítima, neste caso, é a sua estória, e o crime é o leitor colocá-la de lado por não acreditar que ela poderia ser real.

O ESPAÇO DA ESCRITA

A escrita é, para a maioria das pessoas, um ofício solitário. Não de *pessoas solitárias*, mas que exige uma dedicação praticamente integral enquanto acontece. Para escrever você precisará de um espaço em que possa estar sozinho com seu computador, caderno, máquina de escrever.

Seja no seu quarto, no escritório, na biblioteca, o importante é que você possa, enquanto escreve, entregar-se à estória, pois ela exigirá isso de você.

Além disso, você poderá precisar, também, de livros de referência para realizar sua pesquisa. São eles: dicionários, guias de uso da língua, gramáticas, livros históricos, ou do mesmo gênero que sua estória. Se você escreve fantasia, por exemplo, poderá se ver com muitos atlas e mapas antigos à sua volta, buscando inspiração para o mapa do mundo fresquinho que sua mente desenhou.

Quando eu [Mario] morei na Islândia, o país estava quebrado e tudo era barato. Encontrei um Atlas Mundial com mapas traçados em 1665 da editora Taschen, reconhecida pela qualidade das suas obras – e pelo preço. Mas, como a coroa islandesa não estava valendo quase nada, consegui comprar o colosso de 7kg. E ele me ajuda até hoje.

O importante é que, independentemente de *onde* seja o seu espaço de escrita, que ele *sirva para você conseguir escrever.* Se você tem o privilégio de ter um escritório silencioso e espaçoso em casa, excelente. Se não, terá de se adaptar aos espaços que estiverem disponíveis.

O TEMPO DA ESCRITA

A frase atribuída à autora norte-americana Nora Roberts é cheia de verdade: "Você não encontra tempo para escrever, você *cria* tempo". Não existe inimigo maior para o escritor do que a falta de tempo. É um adversário muito potente, mas que deve – e pode – ser vencido.

Se, no seu caso, o tempo não é problema porque ele está sobrando, ótimo. Entretanto, a dificuldade aqui pode ser a tendência de ficarmos mais relaxados quando temos tempo demais para realizarmos nossas atividades.

Caso você escreva apenas no seu tempo livre, exercendo outra atividade principal como fonte de sustento, é claro que *criar* tempo para escrever é mais difícil. Ainda assim, é absolutamente imprescindível.

Digamos que você trabalhe o dia todo. Então, quando chega em casa cansado, quer apenas tomar um bom banho, comer e dormir para acordar cedo no dia seguinte. Tudo bem, você não é de ferro. Mas busque fazer um esforço para escrever ao menos um pouco. Se não for possível, saiba que você terá de abrir mão de outros afazeres, por exemplo, nos fins de semana, para poder dedicar aquele tempo à escrita.

Ninguém escreve se não escrever. Parece óbvio, não? Lembre-se de que escrever é seu *objetivo*, e daí você tirará a força necessária para dar o melhor de si, para fazer o quase impossível e alcançar o seu objetivo.

ESTABELECENDO UMA ROTINA

O elemento chave do *tempo* para escrever é estabelecer uma rotina. *Obrigue-se* a escrever, não importa o que, não importa as condições, não importa o seu humor.

Está com dor de dente? Escreva. Está empolgado porque foi promovido no trabalho? Escreva. Está irritado porque não foi promovido no trabalho? Escreva.

Coloque um despertador ao lado, programe-o para determinado período de tempo e escreva enquanto ele não tocar. Se estiver escrevendo no computador, mantenha-se firme ao número mínimo de palavras que você determinou naquele dia. Trezentas, quinhentas, mil, não importa, o importante é que você escreva.

Não precisa ser sobre a sua estória, se estiver emperrado em algum ponto. Pode ser qualquer coisa. Para treinar, qualquer bola serve. Você não está, aqui, treinando para escrever *melhor*, está treinando para escrever *mais*, com *disciplina*.

Também não crie, logo de início, metas irrealizáveis. "Vou escrever três mil palavras por dia". Isso fará você desistir antes mesmo de tentar seriamente. Comece com uma meta realizável e vá aumentando gradualmente, por exemplo, 100 palavras a mais a cada nova meta, até que você se sinta capaz de escrever 1000 palavras por dia praticamente sem perceber.

E ainda: mesmo que num dia você consiga escrever 4000 palavras, não se empolgue a querer estabelecer isso como meta. Encare esse número como *um dia de produção excepcional*. Mantenha-se dentro do razoável para que não se desestabilize ao não conseguir alcançar uma meta elevada demais.

A IDEIA QUE VIRA PREMISSA QUE VIRA ESTRUTURA QUE VIRA *OUTLINE*

Você teve uma ideia para escrever uma estória. Ótimo! Digamos que seja "uma distopia europeia". Perfeito. Mas... por onde começar?

Se você prestar atenção, "uma distopia europeia" não é uma premissa, é apenas um tema. Você pode transformá-lo em premissa, por exemplo, da seguinte forma: "E se um homem decidisse escapar de uma das cidades-fortaleza em que se transformaram as capitais europeias após uma intensa e devastadora guerra nuclear que quase destruiu o mundo?". Muito bem, agora você tem uma premissa. Mas ela ainda não é a estrutura da sua estória.

Quem é esse homem? Que capital era essa? O que é uma cidade-fortaleza? Como se deu a guerra nuclear? Quais os motivos e quais as consequências? Por que o homem queria, ou precisava, escapar? Para onde iria, e para fazer o quê? Quais serão os obstáculos que ele enfrentará para alcançar seu objetivo? E por aí vai.

Assim, a primeira coisa a se fazer é estabelecer a premissa. Busque usar o formato "e se...", que funciona muito bem, porque é o clássico formato dialético grego, que parte da construção lógica hipótese-antítese-síntese. A premissa é a sua hipótese, como se formulada por uma criança curiosa e criativa: "E se eu chegasse em casa da escola e meu cachorro começasse a falar?"

A partir da premissa você passará a formular *questões* – perguntas simples –, que ajudem a desenvolver a premissa até que esteja delineada a estrutura da estória.

Faça tantas perguntas quantas você conseguir imaginar, e responda *todas*. Você descobrirá, no meio do caminho, como essa técnica é útil até mesmo para descobrir para onde a sua estória vai. E tenha sempre em mente o que é uma estória: *um personagem excepcional, que, em decorrência de uma motivação excepcional, enfrenta obstáculos excepcionais para atingir um fim excepcional.*

Dessa maneira, a partir das perguntas e respostas que você criou, poderá estruturar a sua estória em um arco com diversos estágios dentro da fórmula começo-meio--fim, que você pode encontrar nos outros livros desta série.

Com a sua estória estruturada, ou seja, já tendo definido quais serão o ponto de não retorno, os pontos de virada e o clímax, você pode seguir um de dois caminhos:

- ou você começa a escrever sem se preocupar em *como* a estória se desenvolverá, deixando que ela flua ao longo do processo;

- ou você estabelece um *outline* dessa estória, ou seja, um guia de tudo o que, ao menos a princípio, irá acontecer na estória.

A primeira técnica o deixa mais livre, e pode ser mais útil se você é o tipo de escritor que se desespera quando precisa ser muito organizado. E isso não é um problema! Você provavelmente terá mais trabalho quando for revisar o texto, mas se essa liberdade criativa permite que você produza melhor, vá em frente. Muitos autores escrevem dessa forma, e revisam tudo depois.

Se você prefere seguir a metodologia do *outline*, tenha em mente que não se trata de escrever a estória toda antecipadamente. O *outline* é apenas um guia do que irá acontecer naquele capítulo ou naquele trecho da estória.

Digamos que você tenha estruturado a sua estória em 10% - 25% - 50% - 75% - 90% - 100% (a estrutura clássica). Você pode fazer um *outline* para cada trecho, ou então, capítulo por capítulo dentro dos trechos.

O *outline* pode ser alterado a qualquer minuto, a depender da necessidade da sua estória. Ele é muito útil para servir de guia, assim você saberá sobre o que escrever em cada ponto da estória, também lembrará o que já falou, não correndo o risco de repetir situações ao longo do texto.

Experimente criar fichas com o *outline* de cada capítulo, por exemplo, e você descobrirá que será muito mais simples manter o controle sobre a estória.

A revisão do texto

Você colocou o ponto final na primeira versão do seu manuscrito. Isso é uma grande vitória, e você pode comemorar! Mas ainda há muito trabalho pela frente.

Terminada a primeira versão, dê um tempo a ela. É verdade que o primeiro impulso do autor quando coloca o ponto final é voltar para a página um e começar a revisar. Tente não fazer isso. Sua cabeça, e também seu coração, estarão ligados demais à estória que você acabou de terminar, e muito provavelmente a revisão, nesse momento, será menos satisfatória que num momento posterior.

Dê alguns dias ao texto. Vá ao teatro, ao parque, assista a filmes, não importa. Se dê um tempo de férias, isso o ajudará a se distanciar da estória e, quando voltar para revisá-la, conseguirá enxergar o texto com outros olhos,

que tornarão a revisão muito mais fácil e eficiente. Então...
mãos à obra!

"A PRIMEIRA VERSÃO DE QUALQUER COISA É UM LIXO"

A célebre frase de Ernest Hemingway no título deste
item pode parecer forte demais, até um pouco ofensiva. Mas
não, é inteiramente verdadeira, por mais de um motivo.

Lembra-se do que foi dito logo no início deste volume?
Quando for escrever a sua estória, escreva a sua estória. Vo-
mite-a sem se preocupar com absolutamente nada. Nem
coerência, nem concordância, nada. Escreva como se não
houvesse amanhã.

O ofício de escritor é como um chapéu muito par-
ticular, que você coloca na cabeça quando se senta para
escrever. O ofício de editor, por sua vez, é como outro
chapéu igualmente único. Você não pode usar os dois
chapéus ao mesmo tempo. Enquanto você está com o
chapéu do escritor, escreve. Enquanto está com o chapéu
do editor, edita. Ponto. Se você tentar misturar as duas
coisas e editar enquanto escreve, ou escrever enquanto
edita, descobrirá que esse é, provavelmente, um dos principais erros do escritor iniciante.

Além disso, outro motivo que torna verdadeira a frase
de Hemingway é o fato de que muitas vezes a estória
acaba por tomar um rumo próprio, quer você, escritor,
queira, quer não.

A primeira revisão do texto ajuda você a identificar em que pontos você se desviou em demasia da organicidade da sua estória. E por organicidade você deve entender que a sua estória deve funcionar como um todo, por si só, sem que necessite de "muletas" aqui e acolá.

Poucas coisas matam com mais eficiência uma estória do que a percepção de que o autor tentou "escorar" um ou outro ponto frágil da estória para não ter o trabalho de reescrever o que precisava ser reescrito.

Nesta primeira revisão, portanto, você irá checar a estrutura da sua estória e verificar se ela funciona por si só, sem precisar de subterfúgios, de escoras. Aqui você verificará se:

1) *A estória se inicia no ponto correto?*

Mas *qual* o ponto certo para a estória começar? Bem, isso depende de cada estória, e você só conseguirá definir, com certeza, o melhor ponto inicial depois de ter finalizado a primeira versão, pois terá uma visão ampla e distanciada da estrutura completa.

Se seu livro conta a estória de um detetive que investiga uma série de assassinatos aparentemente interligados, qual é o melhor ponto inicial? Uma cena que mostre um dos crimes? O detetive chegando ao escritório e encontrando ali a esposa de uma das vítimas, que contratará os seus serviços? Ou poderia começar com o investigador identificando um padrão entre diversos crimes ocorridos em diferentes datas e locais, noticiados nos jornais que se acumulam no seu escritório. Qual a melhor opção? Só a sua estória dirá.

Mas não se desespere, emperrando seu trabalho de revisão aqui, porque existem muitas possibilidades para o ponto em que a estória se inicia. Uns acabam se mostrando, de fato, mais eficientes que outros, mas se você acabar escolhendo o terceiro ou segundo mais eficiente, não tem problema. O importante é que o leitor seja rapidamente atraído para a estória, e essa é a função do início: expor o *conflito geral* e arrastar o leitor para a trama.

2) *O ponto de não retorno é satisfatório?*

Lembrando que o ponto de não retorno é aquele momento em que o protagonista deve encarar um dilema: ou segue adiante ou volta atrás. O ponto de não retorno é a ponte sobre o abismo, que se despedaçará assim que o protagonista atravessá-la, não podendo, depois disso, voltar atrás. Se houver uma possibilidade de retorno, será preciso fazer ajustes para eliminá-la. Se houver outras pontes pelas quais o protagonista poderia voltar, será preciso queimá-las também.

3) *Existe uma escalada na intensidade dos conflitos?*

O que é conflito, para a literatura? Podemos emprestar o conceito de lide, no Processo Civil: para a literatura *conflito* é uma *pretensão resistida*. Isso significa que o conflito se dá quando o protagonista possui um objetivo, um desejo, uma pretensão, mas existem obstáculos que dificultam o seu sucesso, que resistem à sua vontade. Isso gera o conflito da sua estória.

Tomemos, como exemplo, a estória do Senhor dos Anéis (o filme de Hollywood, não o livro, para que o exemplo possa atingir um número maior de pessoas). Qual a *pretensão* do hobbit Frodo? *Destruir o Anel.* Para isso ele tem de atravessar grande parte da Terra Média. E existe algum obstáculo no seu caminho? São *inúmeros* obstáculos que se colocam entre a sua pretensão e o sucesso. Muitos desses obstáculos são permanentes, como o fato de que carregar o Anel no pescoço vai gradualmente sugando sua força e o atraindo para o irresistível poder do objeto; os Cavaleiros Negros, servos de Sauron, que estão no seu encalço, e eventualmente conseguem feri-lo mortalmente; a sede por poder do humano Boromir, que deseja se apoderar do Anel para combater as forças de Sauron em Minas Tirith; a companhia de Gollum, que deseja mais que tudo recuperar o Anel que um dia lhe pertenceu; a travessia dos Pântanos Mortos, em que Frodo quase morre afogado ao ser atraído pelos mortos submersos na água podre; a entrada em Mordor através das escadarias de Minas Morgul enquanto um exército de orcs passa por ele; o ataque de Laracna, que quase mata Frodo; a travessia de Mordor até a Montanha da Perdição, disfarçado de orc; e isso apenas para mencionar os principais obstáculos.

A principal pergunta que você deve fazer ao criar os obstáculos que o seu protagonista enfrentará é: o *que está em jogo?* O que o protagonista tem a perder se não conseguir superar esses obstáculos? E o que tem a ganhar? Note que a *escalada de intensidade dos conflitos* é a estrutura que se encontra entre o *ponto de não retorno* e o *clímax*, que, na realidade, é o ápice de toda a escalada, o ponto em que a estória se resolve, momentos antes da *conclusão*.

4) *O fim foi satisfatório?*

Não importa se o protagonista conseguiu ou não alcançar o seu objetivo. A estória, no entanto, *precisa* alcançar o objetivo, que é o de fornecer ao leitor uma conclusão que o faça sentir ter valido a pena gastar aquele dinheiro para comprar o livro e aquele tempo para lê-lo.

Um exemplo de fim não satisfatório pode ser encontrado na série *Lost*. Quantos fãs da série não ficaram irritados com o final, que deixou muita coisa sem explicação? É verdade que tanto a estrutura quanto a função de uma série de televisão são diferentes das de um romance. Contudo, a conclusão de uma estória, esteja ela em que formato estiver, deve cumprir a função, que é, primordialmente, a de servir de ponto final após a resolução de *todos* os conflitos.

Isso não significa que os conflitos devem ser solucionados todos na conclusão. Cada conflito possui o seu espaço na estória, um ponto de início e um ponto final. Porém, ao chegar à conclusão, o leitor deve sentir que tudo se resolveu e que, agora, nas páginas finais, ele descobrirá *em que situação se encontra o protagonista* após viver todas as aventuras e passar por todos os obstáculos da trama.

O protagonista, na conclusão, deve ser alguém diferente daquela pessoa que iniciou a estória. É claro que, se o seu objetivo for mostrar que aquele protagonista, apesar de passar por tudo o que passou, *não mudou em nada o seu jeito de ser e o seu modo de enxergar a vida,* tudo bem. Mas somente nesse caso específico.

Do contrário, os leitores desejam verificar que houve uma evolução, um desenvolvimento daquele personagem, porque, lembre-se, o leitor se projeta no protagonista cuja vida está acompanhando durante a estória. E justamente porque em muitos casos as pessoas, na vida real, têm dificuldade em evoluir, em superar obstáculos, elas gostam de poder vivenciar isso através dos personagens das estórias. É primordialmente por isso que as pessoas leem ficção.

LEITORES *BETA*

Finalizada a sua primeira revisão, em que você reordenou a estrutura da sua estória, eliminou incongruências, ceifou contradições e, assim, consertou a maior parte dos erros e das distorções que surgiram enquanto você foi escrevendo a estória *sem se preocupar com a qualidade,* o passo seguinte é colocar o manuscrito à prova. Você já o leu, mas nada como uma análise distanciada do texto para "pescar" erros de lógica, diálogos confusos, conflitos que foram iniciados e que não chegaram a uma conclusão, etc.

Assim, selecione algumas pessoas do seu convívio – ou não, mas que você tenha certeza de que irão se dedicar de fato à empreitada. Imprima em folha A4, com uma fonte e um espaçamento não muito pequenos (não exija demais dos seus colaboradores, eles já estão lhe fazendo um favor, busque tornar a leitura o menos penosa possível, para que seus leitores *beta* se preocupem apenas com a estória), encaderne em espiral e entregue para eles. Peça que façam anotações em todos os pontos que acharem problemáticos. Se não quiserem escrever nada, que ao menos circulem o que lhes causou estranheza. Isso vai marcar o texto para que você analise depois, comparativamente às anotações dos demais leitores *beta*.

A RE-REVISÃO

Depois de já ter revisado o seu texto, e de já tê-lo submetido a leitores *beta* que o leram com o necessário distanciamento que você, como autor, muitas vezes não consegue ter, é necessário fazer uma nova revisão, desta vez mais relacionada ao conteúdo do que à estrutura.

Este é o momento, por exemplo, de assassinar os advérbios. Corte-os como a Rainha de Copas cortava as cabeças de seus inimigos. Advérbios são muito maus, pois eles servem de "muleta" para o escritor preguiçoso. "*Quase atrasado para o trabalho, ele saiu apressadamente do prédio, quando percebeu que logo choveria*". Parece uma frase suficientemente boa, não? Mas *não é*.

Se ele estava com pressa, por que não *mostrar* em vez de *contar*? Poderia ser algo assim:

"O elevador estava demorando demais. Alguém o segurava, com certeza. Por que segurar a porcaria do elevador bem na hora em que todo mundo estava saindo para trabalhar? Ele olhou para o relógio e decidiu descer pelas escadas. Eram quatro andares, e valeria a pena para não chegar atrasado ao escritório. Desceu as escadas correndo e em menos de um minuto passava pela portaria do prédio, satisfeito consigo mesmo por ter trazido seu guarda-chuva."

Uma dica: se você tiver escrito sua estória no computador, quando for fazer a re-revisão, busque todos os "mente" através do localizar do Word (ctrl+l) e mande substituir tudo por "mente" com realce. Só para você descobrir, aproximadamente, quantos advérbios desse tipo você utilizou na estória. Você se espantará.

Depois de fazer isso, verifique a pertinência de cada um e se podem ser substituídos por uma palavra, expressão, frase ou mesmo parágrafo que *mostre* em vez de *contar*. Em seguida, é claro, você lerá o texto todo, caçando mais e mais advérbios que possam ser substituídos, caso estejam exercendo a função de *contar* a sua estória, pois não é para isso que servem.

Conta-se que certa vez o célebre jornalista brasileiro Paulo Francis, sentado à máquina de escrever na redação do jornal com que colaborava, levantou-se, arrancou o papel da máquina e disse, triunfante, com a folha erguida sobre a cabeça: "Cinquenta e oito linhas e NENHUM advérbio de modo!". Stephen King, o gênio do horror, já disse que "a estrada para o inferno é pavimentada com advérbios". Como se vê, de modo geral, o advérbio é *persona non grata* para a maioria dos grandes autores.

Também é preciso cuidar dos adjetivos, pois é o elemento que mais tenta o autor a *contar* em vez de *mostrar*. Você não precisa, como com os advérbios, cortar todos os adjetivos. Ora, o adjetivo exerce uma função gramatical muito importante, já que empresta um atributo ao substantivo. Pode ser muito importante saber se aquela fruta na geladeira está doce ou azeda, e os adjetivos têm o poder de indicar isso de forma muito concisa. A questão, contudo, é: o escritor deve ser conciso? Por que não dizer que *"ela sentiu o néctar cheio de açúcar verter entre seus dentes quando os cravou na maciez dourada da manga"* em vez de dizer *"ela mordeu a manga amarela e doce"*? Qual das duas sentenças exprimem mais sensações para o leitor?

Porque, meu caro, não se iluda: o leitor não compra uma estória para lê-la. Compra uma estória para *senti-la*. Ele não quer saber o que vai acontecer com aquele personagem, ele quer *ser* aquele personagem por algum tempo. Quer sentir suas emoções, vivenciar suas experiências, da forma mais sensorial possível. É por isso, e apenas por isso, que você, enquanto escritor, deve buscar exprimir o maior número possível de sensações através do seu texto.

É necessário reforçar: *não transforme isso numa paranoia*. Você não precisa reler o seu texto trinta e oito vezes, caçando adjetivos e advérbios e exigindo que absolutamente todos sejam eliminados da face da sua estória. Não é isso. Seja sensato e pondere que nem todos devem ser substituídos apenas porque *podem* ser substituídos.

Naquelas passagens em que você *deseja* fazer com que o leitor experimente determinada sensação, aí sim será preciso dedicar mais atenção para não deixar que advérbios e adjetivos estraguem tudo.

Se você está simplesmente dizendo que a moça por quem o personagem passou na rua era bonita, mas sem que isso tenha maior relevância na estória, você pode simplesmente dizer que ela era bonita ou, melhor ainda, cortá-la e ponto.

Se a moça não era relevante, o que fazia ali? Assim, esta segunda revisão, após a leitura pelos leitores *beta*, também tem essa função: cortar da estória tudo o que não sirva para *contar a estória*. Se não conta estória não tem por que estar ali. Simples assim.

Em frase de autoria controvertida, muitas vezes atribuída a Drummond, outras a Guimarães Rosa, "escrever é cortar palavras". Dizer muito escrevendo pouco dá um trabalho danado, mas é essencial.

Assim, essa re-revisão servirá para você acertar os detalhes, que não sejam estruturais (já acertados na primeira revisão), eliminando erros gramaticais, palavras repetidas em demasia, metáforas inapropriadas, e tudo o mais que deva ou possa ser eliminado.

Tornando-se um escritor profissional

Falamos sobre o primeiro passo que o escritor deve tomar quando decide escrever uma estória, que é definir *o tipo* de estória que ele irá escrever. Mas uma decisão igualmente importante a ser tomada é: você deseja *escrever* ou *ser um escritor*? Porque existe uma grande diferença entre as duas coisas.

Se você pretende apenas escrever, para si mesmo, para amigos, sem qualquer pretensão de ser publicado por uma editora comercial que pretenda ter *lucro* com os seus escritos, tudo bem. Você já não tem uma enorme preocupação.

Agora, se você escreve pretendendo ser publicado por uma editora comercial, a coisa muda muito de figura. Você precisa ser *profissional* se quiser ingressar num meio que é repleto de *profissionais*.

As editoras analisam a sua estória com critérios e técnicas *profissionais*, e não faria sentido que não o fosse – seu sustento depende disso. Além de ter um *texto* profissional, você precisa ter uma *atitude* profissional se quiser ingressar no mercado editorial tradicional.

Como funciona o mercado editorial tradicional

Simplificando ao máximo, porque este tópico costuma gerar debates acalorados:

Editoras e livrarias **são empresas que vivem de vender livros**. Se não vendem, não ganham dinheiro. Se não ganham dinheiro, não podem pagar os funcionários que as fazem funcionar. Se não ganham dinheiro, não têm o que pagar aos autores. Se não ganham dinheiro, não tem livro publicado.

Por isso, pense bem: uma obra fez muito sucesso fora do país. Traduzi-la e publicá-la aqui seria certeza de lucro, mesmo com os custos da tradução. Então o que prefeririam as editoras e livrarias, que vivem de vender livros? Publicar um grande sucesso editorial internacional que vai virar filme de Hollywood, ou o livro de estreia do Zequinha Silva, que está muito bem escrito? A resposta é óbvia.

Editoras e livrarias não publicam nem divulgam com destaque um livro porque ele está bem escrito ou foi escrito por um jovem talento da literatura nacional. Elas publicam e colocam em destaque nas prateleiras porque o livro *vende*.

Portanto, especialmente no Brasil, é muito difícil conseguir ser publicado por editoras comerciais (publicação convencional, não autopublicação) e ter seu livro colocado em destaque nas livrarias, simplesmente porque nós trazemos para cá muitos sucessos de vendas do exterior. No entanto, é bom que seja assim, porque isso estimula, cada vez mais, o brasileiro a buscar melhorar e evoluir para competir com mais força com os sucessos internacionais.

É importante lembrar que o mercado editorial brasileiro está crescendo, e ainda mais rápido que esse crescimento está sendo o aumento do número de leitores que privilegiam os autores nacionais. Contudo, a literatura de ficção nacional não venderá apenas porque é *nacional*, e sim porque é *boa*.

Muitos autores que estão fazendo algum sucesso por meio de vendas para esse público que prestigia os nacionais partiram para a autopublicação – o que é perfeitamente justo. A questão, no entanto, é: suas estórias estão tão bem realizadas quanto poderiam estar? Estão satisfeitos com a autopublicação? Não gostariam de publicar por editoras convencionais, o que acaba sendo um "selo de qualidade" daquela estória? Falaremos mais sobre isso no item sobre autopublicação.

Submetendo seu manuscrito

Seis meses.

Tenha isso em mente. Geralmente leva seis meses para uma editora *responder* se tem ou não interesse no seu manuscrito. E, para a maioria dos autores (iniciantes ou não) a resposta é negativa. Menos de 0,5% dos manuscritos submetidos são publicados. Mas também é preciso entender que a maior parte dos manuscritos submetidos se encaixa em (pelo menos) um dos motivos que levam à rejeição (vide próximo item).

Assim, levando todo esse tempo para que um manuscrito seja avaliado, qual a *primeira* coisa com que deve se preocupar o autor? *Não dê nenhum bom motivo para a editora rejeitar seu manuscrito.* Faça com que a única possível razão para que a editora não publique a sua estória seja limitação financeira: ela só pode publicar mais três livros daquele gênero este ano, e o seu é o 4.º melhor manuscrito que ela tem. Se ela pudesse publicar mais de 3, o seu seria publicado. Essa é a única razão aceitável para rejeição. Qualquer outra razão significa que você deve parar e analisar o seu texto.

Tendo certeza de que seu manuscrito está ótimo, e que não seria rejeitado pela editora a não ser pelo motivo acima, você deve se preocupar com alguns aspectos formais da submissão de originais.

A primeira coisa a se fazer é verificar, no site da editora, ou por telefone se nada tiver sido dito sobre a submissão de originais, os requisitos para essa submissão. E *cumpra esses requisitos!* Se a editora exige que se envie o material em um arquivo digital, não envie impresso. Se exige impresso, não envie digital. Se especifica o tamanho da folha (geralmente A4), o tamanho e o tipo de fonte (geralmente Times, Arial ou Courier tamanho 12 ou 13), cumpra. Espaçamento entre linhas (geralmente 1,5 ou duplo), tamanho das margens, cumpra. Texto escrito apenas no verso? Encadernado em espiral? Cumpra tudo. Não deixe que um descuido quanto às exigências da editora na submissão do seu manuscrito crie uma prévia resistência a você. Editores são pessoas extremamente ocupadas, que recebem centenas de originais todos os meses.

Estimule o editor a se interessar imediatamente pelo seu manuscrito. Para isso, você deverá, *obrigatoriamente*, ter uma estória com um início que fisgue a atenção do editor de maneira imediata. As três primeiras linhas, as 16 primeiras linhas e o primeiro capítulo devem ser especialmente bons. Aí você dirá que as 3 primeiras linhas, bem como as 16, certamente estão dentro do primeiro capítulo, e que por isso não seria necessário explicitar, bastará que o 1.º capítulo todo esteja ótimo. Mas não é bem assim.

Dado o pouquíssimo tempo livre de que os editores dispõem, muitos utilizam a técnica do "certo, mais uma chance" para analisar os manuscritos.

Se suas três primeiras linhas não o fisgarem, ele passa para o próximo manuscrito. Se fisgarem, ele dirá: "certo, mais uma chance", e lerá mais 13 linhas. Se aquelas linhas continuarem prendendo a atenção, ele dará uma chance ao capítulo todo. E se você conseguir ultrapassar a barreira do primeiro capítulo, é porque consegue escrever uma estória inteiramente satisfatória, e ele lerá o seu manuscrito. Não quer dizer que o publicará: mas o lerá. A maioria dos manuscritos são rejeitados sem terem sido lidos por completo. E não adianta você choramingar e dizer que a partir do terceiro capítulo a estória fica ultra empolgante. Se você não fisgou o editor no primeiro capítulo, não fisgará o leitor e, por isso, não venderá. Motivo pelo qual, obviamente, não será publicado.

Rejeição do manuscrito

Como já foi dito, o autor precisa ser *profissional* se quiser ingressar num meio que é repleto de *profissionais*. Se seu manuscrito foi recusado por um agente ou por uma ou algumas editoras, a primeira coisa que você deve fazer é se perguntar *por quê*. Nem todas as editoras explicam ao autor o porquê da rejeição. Algumas sequer dão uma resposta. Então, na maioria das vezes, o autor cujo manuscrito não foi aceito deve descobrir por seus próprios meios.

Inicialmente, o manuscrito pode ter sido rejeitado porque a estória não segue a linha editorial da editora. Se você mandar um livro de ficção científica para uma editora que só publica autoajuda, dificilmente conseguirá uma resposta positiva. Ou se enviar um romance romântico a uma editora de horror. Por isso é importante analisar o catálogo da editora antes de enviar seu manuscrito.

Se você fez tudo certo e enviou o manuscrito a uma editora que publica exatamente aquele gênero, a resposta é mais complicada, por alguns motivos.

A estória, embora seja do gênero certo, pode estar fora do atual *"mainstream"*. Isso quer dizer que, mesmo que o gênero seja o mesmo, e a estória esteja bem escrita, aquele não é o "momento" dela no mercado editorial.

Veja quantos livros eróticos se seguiram imediatamente ao sucesso dos livros de E. L. James, Cinquenta Tons de Cinza. Todos "pegando carona" no sucesso da autora britânica. E isso funciona! Mas se o seu manuscrito estiver, por exemplo, dentro de uma linha que acabou de fazer sucesso, mas que já foi substituída por outra, há menos chances dele ser selecionado.

Outro motivo para a rejeição é a qualidade da estória e também a qualidade da escrita. Mesmo sendo do gênero que é publicado pela editora, não destoando demais daquilo que está vendendo no momento, a qualidade do manuscrito ainda é o elemento mais importante a ser levado em consideração. Se a editora encontra um manuscrito muito bem escrito, com uma estória muito bem estruturada, pode, ainda que não pretenda publicá-lo por outros motivos, procurar o autor para futuras publicações. Mas isso não acontece com alguém que submete um manuscrito de qualidade ruim.

Muitas vezes o autor tem uma excelente ideia, mas não consegue desenvolvê-la numa estrutura que sirva para prender a atenção do leitor do começo ao fim da estória.

Em outro cenário, a estória até é bem estruturada, mas o autor não consegue desenvolver a escrita, sem manter uma lógica no ponto de vista, na caracterização dos personagens, deixando o texto com um aspecto amador, que as editoras reconhecem imediatamente.

Todos esses motivos podem levar à rejeição do seu manuscrito, que já foi revisto, lido por leitores *beta* e re-revisto. E, se ainda assim você não conseguir identificar o problema, talvez seja interessante buscar a ajuda de profissionais que possam realizar essa identificação e lhe apontar aquilo em que você deve se focar mais para evoluir. Porque escrever depende muito mais de esforço e dedicação do que de talento.

Todas as pessoas contam estórias, é da natureza humana. Qualquer pessoa pode escrever uma boa estória. Os grandes clássicos, que mudam a literatura, só são escritos por gênios. Mas, mesmo que você não se considere um desses, e que não pretenda ganhar um Nobel, saiba, com certeza, que você pode escrever uma boa estória e, com ela, entreter muitíssimas pessoas. Basta você se dedicar.

Quando recorrer a auxílio profissional

A ajuda de profissionais experientes é *sempre* bem vinda. Você acha que Stephen King e J. K. Rowling, assim que colocam o último ponto final na primeira versão do manuscrito, enviam para a editora e as máquinas já começam a cuspir os exemplares para as livrarias? *Não mesmo.*

O trabalho de um profissional desta ou daquela área é, necessariamente, mais útil que o mesmo trabalho realizado pelo escritor, simplesmente porque o escritor não é um profissional experiente em revisar, editar, etc. O escritor *escreve.*

A questão primordial é que o trabalho de profissionais experientes, justamente por ser um trabalho, custa dinheiro.

Então você deve analisar em que momento recorrer a um profissional, se você acha necessário ter o auxílio desses profissionais, e o quanto está disposto a pagar.

Se você, escritor, tem certeza de que o seu texto está bom o suficiente para ser enviado às editoras (que, aceitando publicá-lo, realizarão uma revisão profissional), não é necessário gastar tempo e dinheiro com isso.

Contudo, se você acha que a estrutura da sua estória poderia ficar melhor, que as personagens poderiam estar mais redondas, mais profundas, e que a escalada de conflitos que leva a estória poderia ser mais atraente para o leitor, considere seriamente. Muitas vezes o trabalho desses profissionais, se não tiverem que reescrever todo o seu manuscrito, não custa tanto dinheiro e pode ser um bom investimento.

Ou, se você ainda não começou a escrever sua estória, pode ser um ótimo investimento aprender todas as técnicas e os truques *antes* de iniciar, para já começar da melhor maneira possível, dentro dos padrões esperados por um mercado editorial cada vez mais exigente.

Revisor profissional

O revisor profissional vai, na realidade, fazer o mesmo trabalho que você quando faz a segunda revisão. A diferença, claro, é que ele é *profissional*, e seu trabalho é encontrar todo tipo de erro ortográfico, de concordância, ou mesmo de digitação, que você não conseguiu encontrar. Ele também conferirá se o texto está claro, se está inteligível para o leitor.

O escritor, por estar muito ligado àquele texto ou mesmo por desconhecer um ou outro elemento, sempre deixa algo passar, não importa quantas vezes faça a revisão do próprio manuscrito.

Para isso, pode ser contratado o serviço de um revisor profissional, que, no entanto, não lhe indicará sugestões de melhorias estruturais da estória, nem dará dicas de como tornar uma cena mais emocionante, etc. A parte *criativa* da estória não faz parte do trabalho do revisor (embora haja revisores que entendam também de técnicas literárias e possam aplicá-las ao seu texto).

Na maioria das vezes não é necessário que você *contrate* um revisor, se seu manuscrito for ser publicado por uma editora convencional: eles irão revisar o seu texto antes de publicá-lo. Assim, se foi feita uma revisão cuidadosa e você acha que o texto está pronto para ser submetido, não se preocupe em contratar um revisor profissional.

Se o objetivo, no entanto, for a autopublicação, é aconselhável que esse profissional reveja seu texto, pois a maioria das editoras que cobram do autor para publicar seu livro não fornecem esse tipo de serviço, ou fornecem mediante pagamento à parte.

Cirurgião de texto *(Story Doctor)*

O cirurgião de texto, por sua vez, é aquele profissional *especializado* em identificar problemas nas *estórias*. Seu trabalho é semelhante ao do revisor de texto, mas voltado à trama, à estrutura da estória, aos furos na trama, à caracterização dos personagens, e muito mais.

O trabalho deste profissional começa *depois* que o escritor concluiu a estória, pois o cirurgião irá *cortá-la* em pedacinhos, analisar as palavras e as frases, ver o que é útil para levar a trama adiante e o que pode ser excluído. O cirurgião irá desmembrar e reorganizar a sua estória, indicando ainda pontos que podem ser realçados para atrair a atenção do leitor.

É claro que ele fará isso em forma de *sugestão*, afinal a estória é sua e você é que está pagando pelo serviço. As vantagens do serviço oferecido pelo cirurgião de texto é que ele conhece o mercado editorial, e sabe o melhor formato possível para a sua estória. Seja para publicação convencional (para convencer o editor a escolher seu manuscrito) ou para autopublicação (para atrair mais leitores para o seu livro), sempre vale a pena checar a possibilidade de contratar um cirurgião de texto. Importante ressaltar, contudo, que não adianta você investir tempo e dinheiro nos serviços de um cirurgião se você não acreditar na sua estória. O primeiro passo é sempre buscar ter a mais absoluta certeza de que a sua estória é viável. Se não for, abandone-a e siga em frente, parta para a próxima. Seu livro é seu trabalho, não seu filho.

Assessoria Literária

O assessor literário geralmente é, também, um cirurgião de texto. O seu trabalho, no entanto, costuma se iniciar *antes* do escritor começar a desenvolver a estória, e *durante* o processo. Trata-se de um acompanhamento *individual* que o assessor realiza junto ao escritor.

Tudo o que o cirurgião faz no seu texto, indicando os problemas, as contradições, sugerindo alterações para melhorar a trama, pontuando deficiências na caracterização dos personagens, o assessor literário *ensinará você a enxergar por si próprio*, para que você mesmo aplique na estória, e em todas as outras que vier a escrever.

Essas são, portanto, as principais vantagens de contar com o trabalho do assessor, do *coach* literário (figura amplamente difundida nos EUA e na Europa): você não terá de *consertar* a sua estória, mas já a escreverá da melhor maneira possível. Além disso, aprenderá as técnicas e os truques, e poderá caminhar com as próprias pernas depois de ter aprendido.

Agente Literário

Este profissional atua como um elo entre o escritor e a editora. Ele não apenas busca uma editora para publicar o manuscrito do escritor agenciado, mas também serve como *selo de qualidade*, pois, como depende da venda do manuscrito para receber sua comissão, geralmente aceita apenas manuscritos que acredita poder vender para uma editora convencional – e, assim, receber a comissão pelo seu trabalho.

Importante: se o agente literário cobra uma quantia periódica para ser o seu agente, isso pode ser indicativo de problema. O trabalho de um agente literário é *vender o seu manuscrito a uma editora*, não *prometer* vendê-lo. E é por isso que os agentes literários que realmente prezam por seu trabalho *nunca* cobram para buscar uma editora para o manuscrito do escritor. Se o agente não acredita que o seu manuscrito será publicado, ele não aceita representá-lo.

Pode ser, sim, que o agente cobre um valor para *ler* a sua obra, mas isso depende de agente para agente. Se é um profissional que representa muitos autores, tem muito trabalho em andamento, pode dispor de pouco tempo para analisar novos originais. Se uma editora brasileira que publica ficção e conta com uma equipe de avaliação de originais chega a receber 20 manuscritos *por dia*, e leva de seis meses a um ano para responder ao autor, imagine o agente literário, que muitas vezes trabalha sozinho.

Por isso, como o agente profissional só aceita manuscritos que acredita poder vender para as editoras, isso, por si só, já é um indicativo que o seu manuscrito tem qualidade e potencial. Nos EUA e em boa parte da Europa poucas editoras analisam manuscritos que não sejam submetidos por agentes, justamente porque com certeza se tratará de um material já filtrado, o que diminui – e muito! – o trabalho das editoras, que não precisam, por si só, garimpar uma pepita de ouro no meio de duas toneladas de pedras sem valor.

PALESTRAS E *WORKSHOPS*

Outros recursos de que o escritor pode lançar mão são as palestras e os *workshops* voltados à escrita. Existem os que auxiliam no desenvolvimento da escrita criativa, buscando fornecer ao escritor meios pare escrever melhor e com uma marca autoral identificável.

Há ainda aqueles voltados para expor técnicas de estruturação literária, ou ainda de tendências do mercado editorial, do avanço dos *e-books* no mercado, de relacionamento do escritor com os diversos profissionais da área editorial e, ainda, de desenvolvimento da plataforma de divulgação do escritor.

Cabe ao escritor avaliar quais lhes serão mais úteis, mas a participação em palestras e *workshops* tem ainda um grande benefício: estabelecer possibilidade de *networking* entre autores, e entre estes e os profissionais do mercado.

AUTOPUBLICAÇÃO, QUE BICHO É ESSE?

A autopublicação possui diversas formas. O seu traço mais marcante, contudo, é que ela se coloca como alternativa à publicação convencional, em que todos os custos de produção, transporte e divulgação da obra são arcados pela própria editora.

Na autopublicação uma editora pode condicionar a publicação do manuscrito ao pagamento de um valor, que geralmente serve para cobrir os custos de produção do livro (diagramação, preparação do texto, impressão). Nesses casos o escritor paga o valor e recebe todos os exemplares, para vendê-los por conta própria. Esse é o modelo clássico da autopublicação. Muitas editoras convencionais possuem selos específicos para publicar as obras de escritores que, não querendo se submeter à rigorosa seleção da publicação convencional, preferem desembolsar uma quantia para fazê-lo de forma mais rápida. Na maioria das vezes o valor pago inclui, assim, uma revisão profissional, muitas vezes fornecida pela própria editora, para que o livro seja publicado dentro de parâmetros mínimos de qualidade.

Existem, ainda, empresas que, embora não sejam editoras, fornecem os mesmos serviços para a autopublicação. A diferença é que o seu livro não contará com o selo de nenhuma editora.

Há editoras, também, que fazem uma mescla: são editoras convencionais, acreditam que seu manuscrito está bem escrito e com qualidade suficiente para ser publicado, mas solicitam que o escritor participe nos custos da produção, para evitar grandes prejuízos caso o livro não venda o suficiente para cobrir seus custos.

Encarando dessa forma, não parece haver problemas com a autopublicação. E de fato não há. Mas é preciso que o escritor tenha em mente três pontos essenciais:

1) Ele terá de desembolsar uma quantia em dinheiro que muitas vezes pode ser considerável;

2) O autor terá, ainda, na maioria dos casos, que vender ele mesmo os exemplares;

3) Não é raro que uma editora convencional veja com certa ressalva o fato de que o autor daquele manuscrito submetido à apreciação tenha autopublicado no passado.

Justo ou não, a autopublicação tem o estigma do desespero: o escritor enviou o manuscrito para dezenas de editoras convencionais e, como *nenhuma o aceitou*, decidiu autopublicar. Muitas vezes isso *não é verdade*, e há diversos casos em que escritores autopublicados fizeram muito sucesso.

Especialmente numa época em que avança cada vez mais o alcance do livro digital, a autopublicação ganha novos contornos. Especialmente com lojas online de livros digitais, como a Amazon e a Apple Store, crescem as possibilidades dos escritores que desejam escapar dos trâmites das editoras convencionais. É possível que o escritor venda o próprio livro diretamente através da Amazon, por exemplo, sem o intermédio de uma editora. Ele escreveu, revisou, preparou o texto e o enviou através da plataforma digital da loja virtual, transformando-o em um arquivo que possa ser lido através de um dispositivo eletrônico de leitura, como o Kindle, o iPad, o Kobo, dentre outros.

A questão, no entanto, passa a ser: com essa nova possibilidade, qualquer pessoa pode escrever um livro, transformá-lo em um arquivo digital e colocá-lo à venda online. Isso deverá aumentar, e muito, o número de títulos disponíveis.

O que irá filtrar, para os leitores (consumidores), o que tem qualidade do que não tem, é justamente o fato de ter ou não qualidade. O maior problema da autopublicação, portanto, é que a única pessoa no processo inteiro que irá se preocupar com a qualidade do seu texto é você mesmo, já que o verdadeiro lucro das editoras e empresas que fornecem serviços de autopublicação é o dinheiro que os escritores pagam para autopublicar. Isso pode significar pouco comprometimento com a qualidade do seu texto, já que o trabalho deles, na maioria das vezes, não inclui questionar essa qualidade, mas apenas diagramar, imprimir e entregar os exemplares para que você faça deles o que bem entender.

Portanto, antes de publicar (seja por meio da autopublicação ou da publicação convencional), você precisa se questionar se o seu objetivo é *publicar* a sua estória ou se o seu objetivo é *ser um escritor*.

Você não precisa ser um escritor para publicar a sua estória. Mas você certamente precisa se preocupar, e muito, com a qualidade da estória que você está publicando se desejar ser um escritor profissional.

PROTEGENDO SEU DIREITO AUTORAL

Antes de submeter o seu manuscrito para qualquer editora, ou agente, ou mesmo para os leitores *beta*, é muito recomendável que você proteja o direito autoral sobre o seu texto. Para tanto, tudo o que você precisa é registrá-lo na Biblioteca Nacional. Não adianta imprimir o manuscrito e enviá-lo pelo correio para você mesmo, mantendo o pacote lacrado até que, eventualmente, apareça alguém que você considere ter plagiado a sua estória. Não espere por isso. O registro na BN custa muito pouco e é uma garantia de que seu manuscrito está protegido pela anterioridade.

Assim, verifique no site da Biblioteca Nacional (www.bn.br), os requisitos para o registro do seu manuscrito, na seção "Serviços a Profissionais", dentro da aba "Escritório de Direitos Autorais", "Registro ou averbação".

E, finalmente...

Esperamos que este conciso manual tenha ajudado a sanar dúvidas e pontos muitas vezes obscuros ao escritor iniciante. A função destas páginas não é de guia, mas de farol: expor ao navegante noturno os perigos que o aguardam. Mas lembre-se que o farol nem garante que o navio chegue são e salvo ao porto, nem impede que ele naufrague.

Por isso, busque sempre se manter atualizado e conhecer novas ferramentas que podem ajudá-lo no duro ofício da escrita. Procure outros manuais, vá a eventos literários, palestras, *workshops*, interaja com outras pessoas do meio, pesquise sobre as tendências literárias que se aproximam, enfim: tente manter-se sempre um passo adiante dos demais, pois quando uma nova onda de sucesso literário chegar, os outros irão começar a se movimentar, e você já estará revisando seu manuscrito. Com a atual velocidade do mercado editorial, se garante quem se adianta.

E lembre-se, sempre, deste conselho: escreva enquanto acreditar que a sua estória tem futuro. Se descobrir que não tem, jogue fora e comece a escrever outra coisa. Não se apegue aos fantasmas das suas estórias porque, assim como em qualquer âmbito da vida, precisamos nos focar naquilo que funciona, e não conseguimos fazer isso quando amamos e queremos manter por perto o que não funciona.

E agora, o que está esperando? Volte logo para a sua estória! E boa sorte!

EXERCÍCIOS DE REVISÃO

Vamos fazer alguns exercícios rápidos e úteis?

Exercício 1: A premissa

Se você já possui uma estória em mente, escreva abaixo a sua premissa. Do contrário, pense em uma estória, conhecida ou não, e monte a premissa. Ela deverá incluir *tudo o que for importante* para mostrar ao leitor o que esperar da estória. Escreva-a em no máximo 40 palavras.

_____

_____

_____

_____

_____

É difícil, não? Deixe de fora tudo o que não for relevante, como aspectos físicos, local, etc., se isso não for essencial para explicar o que é a sua estória.

Veja bem, o leitor *não lerá sua premissa*, portanto, nela você não precisa – aliás, não pode! – esconder nenhuma informação relevante. A premissa não será publicada: ela serve de guia para você estruturar a estória e saber qual caminho percorrer.

Veja só:

"Uma garota loira e mal humorada, que mora numa imensa mansão vitoriana com o avô, no sul da Inglaterra, descobre, ao ouvir uma conversa no telefone, que a trágica morte de seus pais num acidente de carro nos Estados Unidos pode ter sido arquitetada por seu próprio avô, e executada por um grupo de assassinos profissionais israelenses, ex-integrantes do Mossad, para que o avô ficasse com a herança do filho e da nora".

Você conseguiu compreender o espírito da estória, não? Mas todas as informações listadas são *necessárias*? O que você acha? Procure reescrever a premissa acima, da maneira que VOCÊ acredita ser a correta.

———————————————————————————————

———————————————————————————————

———————————————————————————————

———————————————————————————————

Feito? Foi difícil?

Ora, não é preciso dizer, na premissa, que a garota é loira, ou que tem uma tatuagem na sola do pé, ou que fala fluentemente dezoito idiomas. E daí que eles moram numa mansão? A mansão é um elemento imprescindível na trama? A nacionalidade dos assassinos importa? Se a garota descobrir a possível ligação do avô à morte dos pais porque é, digamos, paranormal, isso sim deveria ser mencionado na premissa, pois o fato de ser paranormal é um *elemento que constitui o conflito básico da trama.*

A maior parte do conteúdo da premissa apresentada é irrelevante na construção da estória.

Como você deve ter percebido, todas as informações que, se retiradas, não farão a estória perder sentido e ficar inexplicável, devem sair da premissa.

Agora, vejamos a mesma premissa de forma enxuta.

"Uma garota descobre que o avô, com quem mora, esconde segredos que parecem envolver a verdade sobre a misteriosa morte dos pais".

Ótimo. Com isso sabemos que:

• a protagonista é uma garota;

• ela mora com o avô porque os pais morreram;

• a morte deles se deu de forma misteriosa;

• a protagonista descobre que seu avô pode ter algo a ver com isso.

Pronto! Essa é uma premissa clara, concisa e, principalmente, que não *engessa a criatividade do escritor*.

Se, ao criar a sua premissa, você coloca muitos elementos desnecessários, acaba criando amarras inúteis, que apenas servirão para limitar o seu poder criativo.

Numa boa premissa, *você deve ter o maior número de possibilidades de desenvolvimento da estória*. Quanto mais elementos você colocar na premissa, menos liberdade terá para, no passo seguinte, elaborar a estrutura e o *outline*, que serão construídos já com as amarras impostas pela premissa falastrona.

Então, volte à primeira premissa (não apague o que você escreveu antes!) e verifique se pode "enxugá-la", deixando apenas o essencial. Tente escrevê-la em 20 palavras, desta vez.

Exercício 2: Escrevendo sobre o que você conhece

Pense no gênero em que você escreve. Em um deles, se for mais de um. Por exemplo: *"ucronia"* – ficção que narra uma estória alternativa –, como nos romances da escritora norte-americana Naomi Novik.

Ela escreveu uma versão alternativa das Guerras Napoleônicas, em que uma das principais e mais perigosas armas, usadas tanto pelo Império Britânico quanto pela França de Bonaparte, são os temíveis dragões.

"Ora", você deve estar pensando, "mas isso não é estória alternativa, é fantasia". Não, a série faz parte do gênero "estória alternativa" e justamente o que a torna alternativa é o caráter fantástico. No caso da série *Temeraire*, de Novik, todas as demais armas de guerra de fato existiram, como os grandes navios. Então, nem tudo foi inventado, muito ela *pesquisou*.

Agora, pense no seu gênero, leia a sua premissa e escreva nas linhas a seguir alguns elementos que você inseriu ou pretende inserir na sua estória.

Por exemplo: "E se um agente secreto sul-coreano recebesse a missão de sabotar um projeto militar implantado pelo novo ditador da Coreia do Norte, que pretende produzir supersoldados a partir de amostras de DNA de magos que viveram na Terra milênios atrás"?

O que você sabe sobre a Coreia do Norte? E sobre a Coreia do Sul? O que sabe sobre o serviço secreto? Sobre armas? Sobre a fronteira entre os dois países? Sobre como funciona a manipulação de genes humanos?

Vamos lá. A partir da sua premissa, delineie os elementos que deverão fazer parte da sua estória.

Você vê?

Inventar o DNA especial dos magos de milênios atrás é a parte mais fácil. Mas quanta pesquisa você teria de fazer para responder às perguntas anteriores?

Ao pensar na premissa, *antes* de estruturar sua estória, lembre-se de fazer o máximo de perguntas possíveis sobre o que poderá compor sua estória.

Quanto mais bem respondidas estiverem essas perguntas, melhor você conhecerá o tema sobre o qual escreve, e, assim, mais rica será a experiência vivida pelo leitor. Afinal, lembre-se, que o leitor não compra uma *estória*, ele compra *emoções*.

Exercício 3: Ler, ler, ler

Neste exercício veremos que um dos mais importantes modos de se adquirir bagagem para se tornar um bom escritor, como dito, é *ler muito*.

Sem ler obras do gênero em que escreve, você não poderá sequer estabelecer uma comparação entre a sua estória e as estórias que fizeram sucesso no mesmo gênero.

Calma, não é para você se comparar à Rowling ou ao Asimov ou ao Stephen King. Nunca faça isso. Você irá *ler* para *escrever melhor*, não para *escrever como eles*.

Assim, liste a seguir os principais livros que você leu do gênero no qual escreve, e em frente a cada título elenque dois ou três motivos que fizeram você gostar ou desgostar da estória. Procure ser bastante genérico, sem especificar *pontos* da trama, mas sim uma expressão ou frase que sintetize seu sentimento em relação àquela estória.

Por exemplo: "*O nome do vento*, de Patrick Rothfuss: A forma como o autor mostra a coragem e a perseverança do protagonista, sem, contudo, esconder as suas falhas de caráter"; ou ainda "*O código da Vinci*, de Dan Brown: O clima constante de suspense criado pelo fato dos capítulos sempre terminarem com uma cena misteriosa, que só é retomada mais à frente".

Agora faça a sua lista, mas busque mencionar tanto elementos de que você gostou como de que não gostou (pode colocar mais de uma frase ou expressão para cada livro; o que importa é que cada uma delas expresse um sentimento diferente).

Ao fazer isso, você identificará elementos que lhe poderão ser úteis quando estiver escrevendo a sua estória. Uma dica bastante eficaz é você sempre ler as estórias de outros escritores com uma caneta e um bloco de *post-it* à mão: quando você identificar um desses elementos, seja pensando "nossa, que bacana isto!", ou "credo, que ridículo!", você faz a devida anotação no *post-it* e cola na página. Essa análise servirá como um verdadeiro mapa daquilo que você acha interessante fazer na sua própria estória, e daquilo que quer evitar.

Exercício 4: O tempo da escrita e o estabelecimento de uma rotina

Neste exercício você treinará o tempo da escrita, isto é, se forçará a escrever mesmo que não esteja se sentindo inspirado, ou motivado, ou com o humor necessário para fazê-lo.

Para adquirir *ritmo* de escrita, você precisa *treinar*. É como fazer exercícios físicos todos os dias, aumentando gradativamente a dificuldade e a complexidade, para fazer seu corpo se adaptar e, progressivamente, suportar exercícios mais difíceis. Muitas vezes é necessário que você, com o perdão da expressão, diga a si mesmo: "Cala essa boca, para de *mimimi*, senta nessa cadeira e escreve!". Não importa, como foi dito, se será sobre a sua estória ou sobre os costumes sociais das tribos Kuki do Myanmar. Apenas escreva, buscando, é claro, produzir um texto que faça sentido. O importante, nesta fase, é "amaciar a máquina".

Assim, escreva nas linhas abaixo um texto qualquer, preferencialmente sobre a sua estória ou sobre uma ideia que já lhe veio à mente e que poderia se transformar numa estória. Coloque um despertador (pode ser o do celular, ou mesmo aquele despertador "acorda-quarteirão" que você usa para acordar e ir trabalhar na manhã seguinte a uma noitada) para apitar em 30 minutos. Repetindo: não importa a qualidade nem a ortografia nem se você terá de escrever tudo de novo, depois. Apenas encha as linhas.

Este exercício serve para exemplificar um dos maiores problemas dos escritores (amadores ou não!): a falta de hábito, uma *rotina* de escrita, de *adestramento* do escritor. Sim, adestramento: de nada adianta o escritor ter ótimas ideias, escrever muito bem, se não conseguir, de fato, *colocar as palavras no papel*. E o principal vilão que faz com que isso ocorra é o bicho-papão da *síndrome do escritor-editor*. Como dissemos, quando estiver escrevendo, *escreva*, porque, salvo exceções, de qualquer forma, você terá de reescrever tudo depois, e melhorar a primeira versão.

Repita este exercício diariamente, estabelecendo um número de palavras que você *obrigatoriamente* deverá escrever todos os dias, começando com uma quantia modesta e aumentando gradativamente, até que nem perceba que, em "uma sentada", escreveu três páginas.

Exercício 5: Transformando a premissa em estrutura

Este é um dos principais pontos em que os escritores se perdem ao estruturar a premissa. Vamos utilizar, neste exercício, a premissa usada como exemplo no exercício 1:

"Uma garota descobre que o avô com quem mora esconde segredos que parecem envolver a verdade sobre a morte dos pais".

Como você pode ver não se trata de uma estrutura, mas apenas da ideia geral sobre sua estória.

E como estruturar essa premissa?

Vamos usar a estrutura clássica, dividida em 10%, 15%, 25%, 50%, 75%, 95% e 100%.

• *Colocação do problema – 10%:*

A protagonista vive com seu avô numa mansão desde que tinha 12 anos, quando seus pais morreram num acidente de carro mal explicado. Seu avô, que sempre parecia guardar segredos, a tratava muito mal e, apesar dela sonhar em se ver livre dele quando completasse dezoito anos e pudesse administrar a própria herança, ela tinha medo até da própria sombra, sem coragem alguma de enfrentar o avô. Sofria de claustrofobia asmática. Um dia ela ouve seu avô conversando ao telefone sobre a morte de seus pais, e ele diz algo que, sem deixar qualquer dúvida, desmente o fato de que eles morreram num acidente de carro: eles haviam sido assassinados.

Este trecho da estória deve servir, portanto, para mostrar ao leitor *qual é o conflito principal*, que, no caso da nossa premissa, é a verdade sobre o passado sendo descoberta acidentalmente pela protagonista.

• *Ponto de não retorno – 25%:*

A questão seguinte, que preencherá o espaço dos 10% aos 25%, deverá mostrar como a protagonista reage à colocação do problema central da estória, alcançando um ponto em que não mais pode retornar à situação anterior. Neste exemplo, digamos que ela passa a, sorrateiramente, espionar o avô (que não sabe que ela ouvira a conversa no telefone), para tentar descobrir a verdade. Ela já sabe que os pais foram assassinados, mas *por quem*, e *por que*? Seguindo diversas pistas deixadas para trás pelo avô, o ponto de não retorno culminará com a protagonista descobrindo que seu avô *ordenou* a morte do filho e da nora, pais da protagonista. Nesse momento ela é descoberta pelo avô, que a aprisiona num dos cômodos da mansão. Estando presa, ela não pode simplesmente fugir e avisar a polícia: terá de enfrentar a situação por si mesma.

• *Primeiro ponto de virada – 50%*:

Dos 25% aos 50% há uma escalada do conflito. No caso deste exemplo, a protagonista terá de descobrir como fugir, para salvar a própria vida e tentar fazer com que o avô pague pelo crime que cometeu. Assim, depois de encontrar uma passagem secreta dentro da sala, com muito esforço conseguirá abri-la e escapará, enfrentando a sua fobia completa por lugares apertados e escuros.

Ao se ver livre, contudo, ela descobrirá que não apenas todas as janelas e portas externas da mansão estão trancadas, como também está sendo caçada pelos assassinos dos pais, mercenários contratados pelo avô, que decidira que ela deveria morrer.

Você vê como o conflito se intensificou? Antes ela apenas estava presa (obstáculo), agora, apesar de ter escapado do cativeiro inicial, terá de enfrentar perseguidores armados e com ordens para matá-la (obstáculo maior). Assim, o primeiro ponto de virada deve se dar, por exemplo, com a escolha de um caminho que parecia ser o "caminho da salvação", mas que acaba sendo um "caminho da perdição". Ou seja, a protagonista, quando fugiu da sala em que estava trancada, "saiu da frigideira e foi para o fogo".

• *Segundo ponto de virada – 75%:*

Da mesma forma como no trecho anterior, o conflito deve se intensificar ainda mais, com mais um caminho que levará a protagonista a uma situação ainda mais crítica que a anterior. No exemplo, a garota, conseguirá, com *muito esforço e através de situações extremamente perigosas*, escapar da mansão (ufa!). Verá, na estrada que liga a mansão à cidade, uma patrulha policial (ufa, ufa!), ao encontro de quem correrá desesperadamente. Ao contar ao oficial que precisava de ajuda, pois o avô havia matado seus pais e agora queria assassiná-la, descobrirá que o policial é um dos mercenários, caindo diretamente nas garras do inimigo. Assim, não apenas ela estava sendo procurada para ser morta, como também ela mesma se entregou ao algoz.

• *Clímax – 95%:*

Entre os 75% e os 95% vem o trecho que leva ao clímax. Nossa protagonista parece fritinha, não? Como escapar, agora, de homens fortemente armados? O avô não está na mansão, e os seus captores aguardam o regresso dele para saber o que fazer com a garota. Enquanto isso um dos mercenários é encarregado de vigiá-la. Ele está, é claro, armado, junto a ela, dentro da mesma sala onde havia sido presa pela primeira vez. A situação parece incontornável: assim que seu avô chegar, ele ordenará, como havia planejado, que ela seja morta – ou coisa pior. Mas o homem, sozinho na sala com ela, acha que parece um desperdício "acabar com uma moça tão bonita". O celular do homem toca, ele atende: o avô estava voltando. Então, o homem decide "aproveitar" dos últimos instantes dela com vida e abusar da protagonista. Ela vê nisso a única chance que possui de fazer alguma coisa e, fingindo resignação, consegue matar o homem e fugir, pela passagem secreta, com o celular do mercenário, que usa para avisar a polícia.

Com os policiais de verdade chegando, enquanto ela tenta se esconder na mansão, os demais mercenários fogem, deixando o avô sozinho. Ele, dessa forma, decide dar cabo da neta com as próprias mãos, e o clímax será justamente o embate entre a protagonista e o grande vilão, que, em nossa estória, quase, *quase* alcançará seu objetivo, sendo, contudo, abatido por um policial quando a protagonista já começava a sentir a vida se esvair em meio às mãos que a estrangulavam.

• *Conclusão – 100%:*

As páginas finais, de 95% a 100% (a depender da estória pode ser, ainda, de 90% a 100%, se houver um número maior de amarras a serem feitas após o clímax, ou mesmo de 99% a 100%, com a estória terminando logo após o clímax), formam a conclusão da estória, que deve mostrar como a vida da protagonista se alterou depois de passar por todos os eventos que transcorreram. No caso do nosso exemplo, mostrará o *motivo* que levou o avô a ordenar o assassinato dos pais da garota (dinheiro), e como ela se tornou uma pessoa mais forte e autoconfiante.

Este é apenas um exemplo para demonstrar a *forma* de estruturar uma premissa. Decidimos apenas estruturar a estória sem a preocupação de que ela seja *a melhor estrutura possível*, por um motivo: mesmo a *estrutura* da sua estória será revista e melhorada posteriormente. Esta é a *primeira versão de uma premissa estruturada*, e que, antes mesmo de se começar a escrever a estória, passará por muitas adaptações que a tornem *perfeita*.

Quando a sua estrutura estiver *perfeita*, aí sim você poderá começar a escrever a primeira versão da sua estória, *vomitando·o texto*, sem se preocupar com a qualidade, porque tudo também será revisto e melhorado posteriormente.

Assim, neste último exercício, você deverá estruturar a sua premissa (aquela que você *criou* e, depois, *melhorou* no exercício 1) de acordo com o exemplo anterior.

Não busque a perfeição nesta primeira versão da estrutura: apenas estruture. Você descobrirá que é muito mais produtivo melhorar a qualidade da estrutura *depois* de montá-la do que já buscar a versão final e perfeita na primeira tentativa. E o passo seguinte, você já sabe: sentar e escrever a sua estória extraordinária!

Mãos à obra!

Como você pôde ver, escrever um romance é muito fácil. Se quiser, mesmo apenas com essas técnicas básicas iniciais já poderá pôr a mão na massa e trabalhar! Boa sorte e espero que nos encontremos logo para mais três horas de treinamento.

AGORA PODEM ME CRIVAR DE PERGUNTAS!!!!!
james@mcsill.com

Você acabou de experimentar três horas de treinamento. Book-in-a-box é um curso completo de nove horas mais trocas de email e sessões de Perguntas & Respostas. Se quiser fazer parte dos grupos de interesse que trabalharão em sessões online ou ao vivo em vários locais no Brasil e em Portugal, escreva para:

james@mcsill.com
www.mcsill.com

www.dvseditora.com.br